zeichnen lernen

Süße Charaktere in stylischen Outfits

INGOMY PRESS

DIESES BUCH GEHÖRT ZU

zeichnen lernen Süße Charaktere in stylischen Outfits

Übung

Übung

Übung

Übung

Übung

Übung

Übung

Übung

Übung

Übung

Übung

Übung

Übung

Übung

Übung

Übung

Übung

Übung

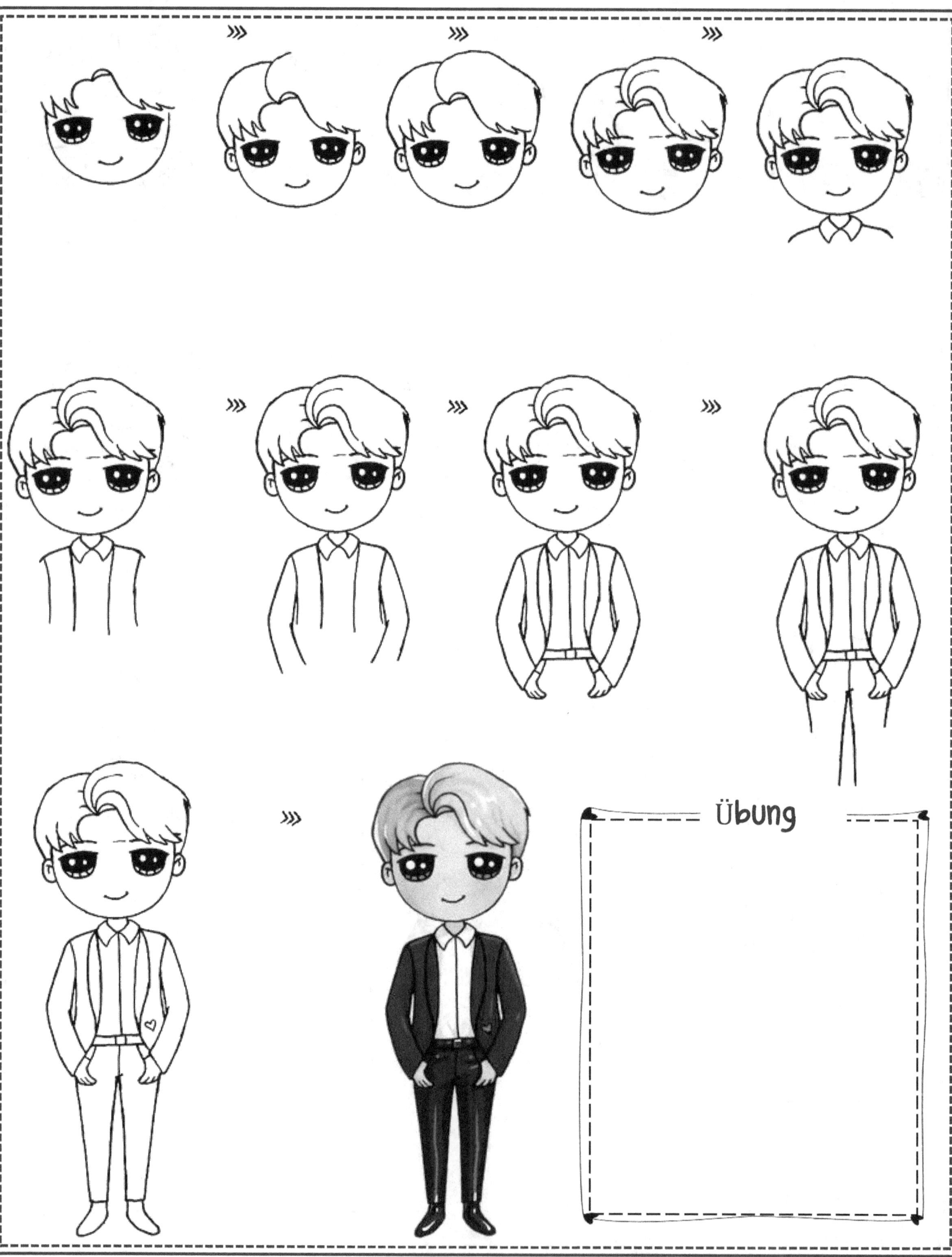
Übung

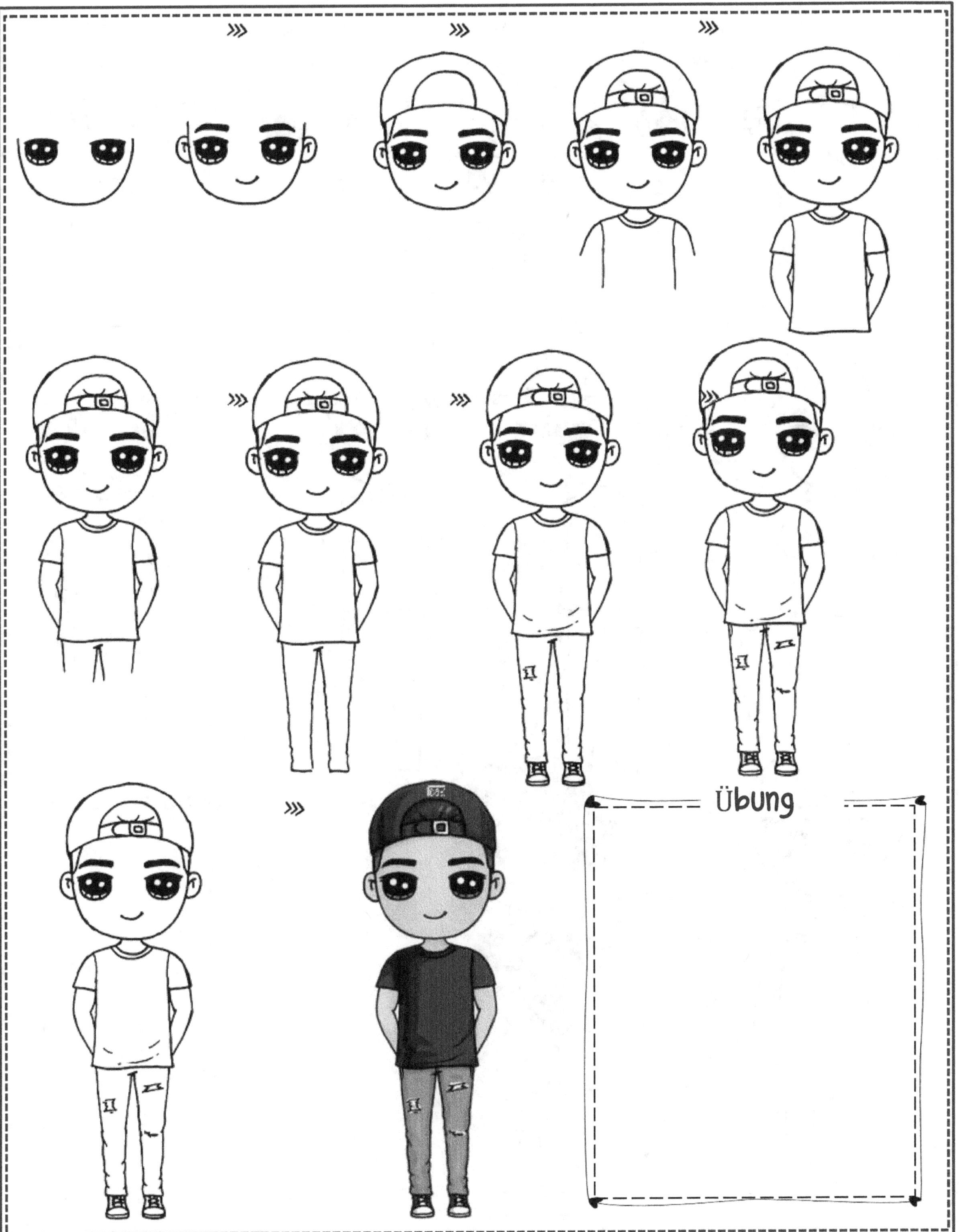
Übung

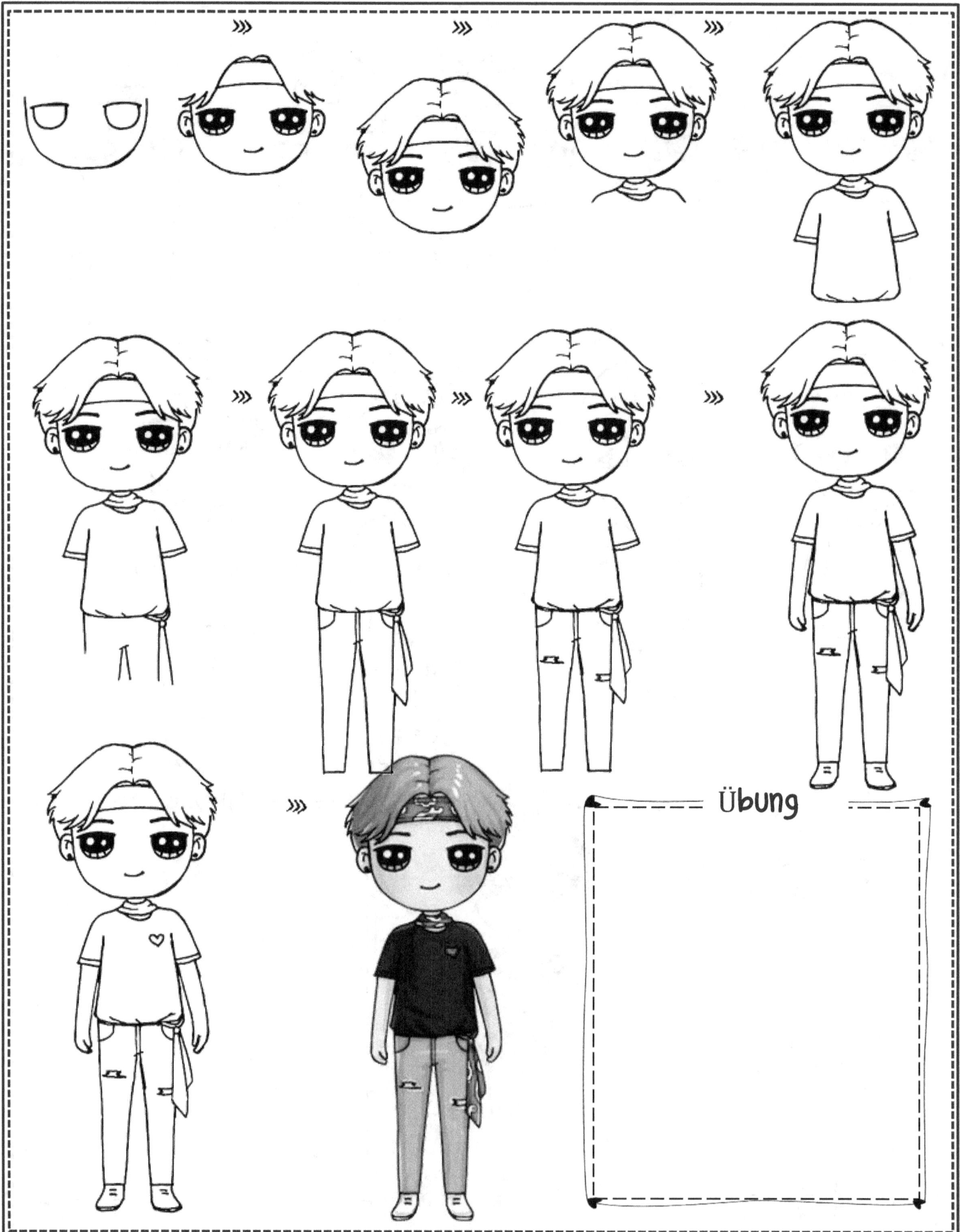
Übung

Übung

Übung

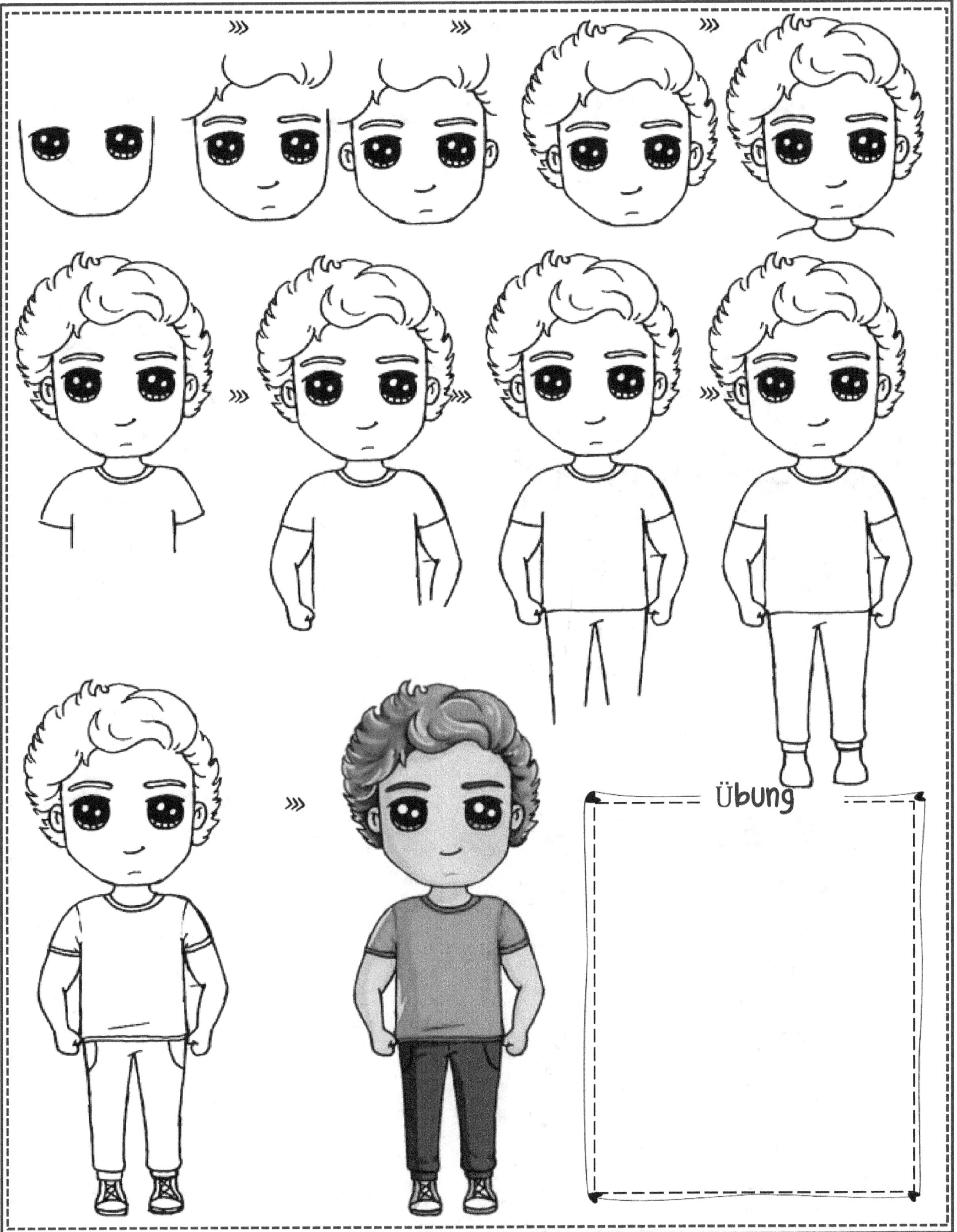

Übung

Übung

Übung

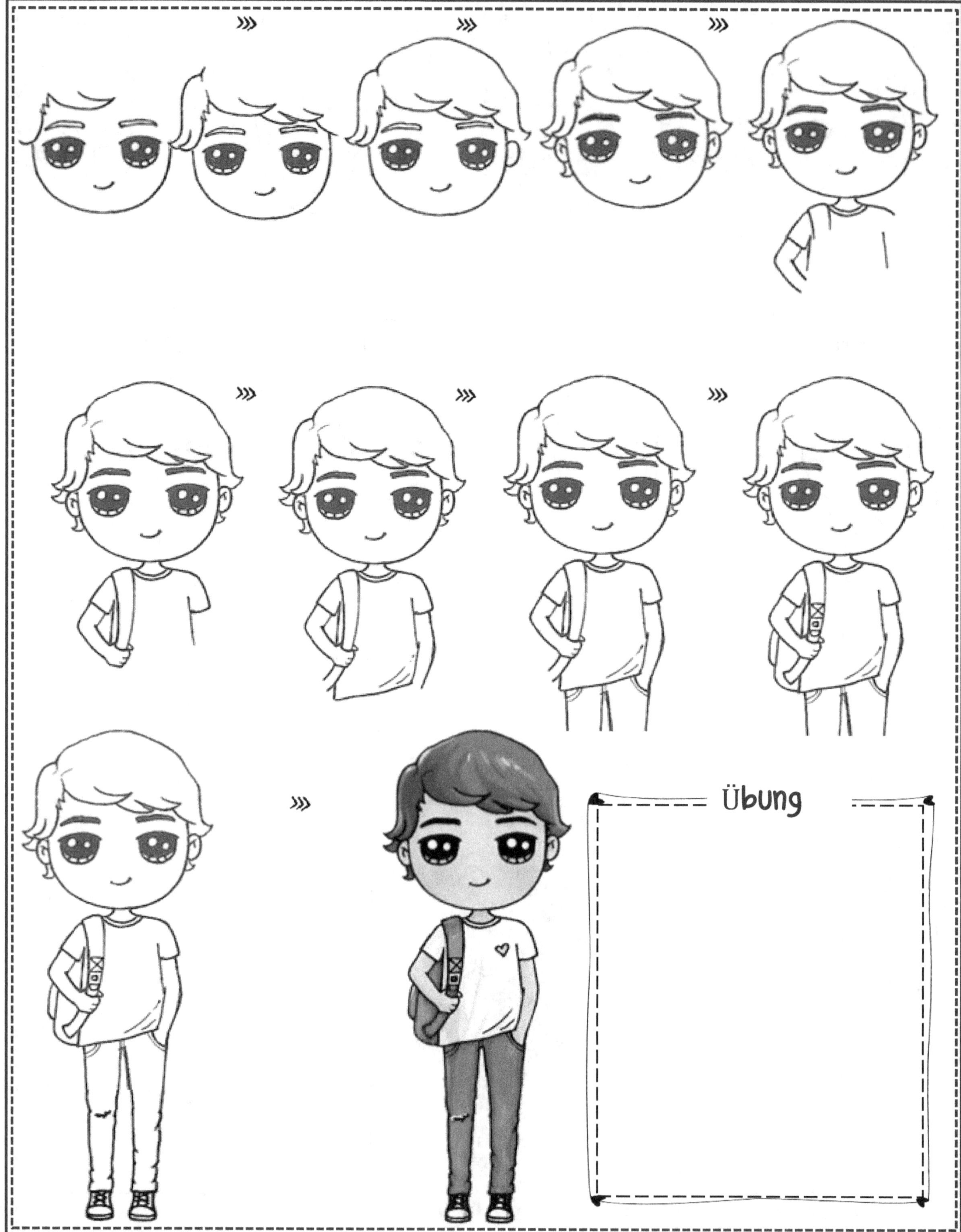
Übung

Übung

Übung

Übung

Übung

Übung

Übung

Übung

Übung

Übung

Übung

Übung

Übung

Übung

Übung

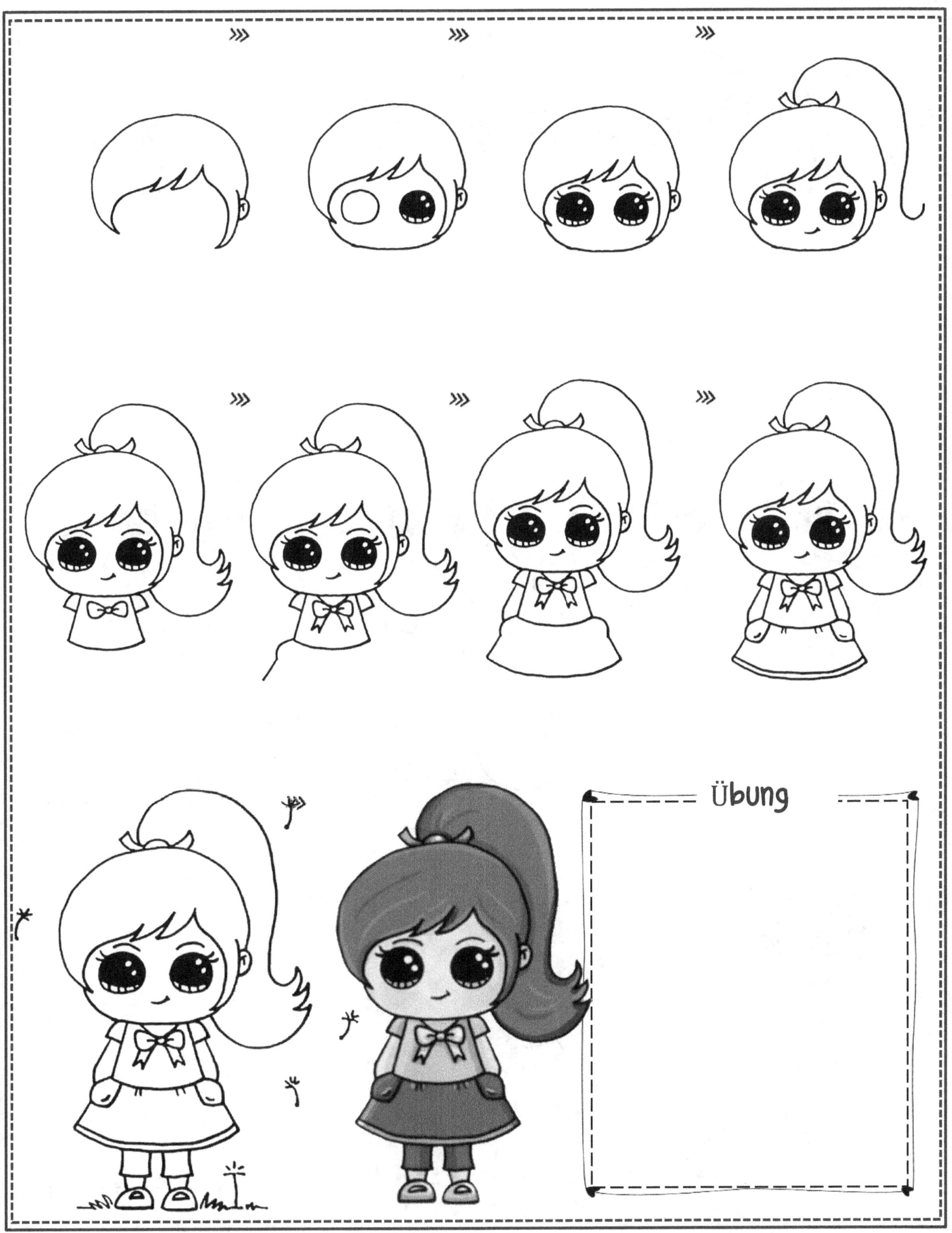
Übung

Übung

Übung

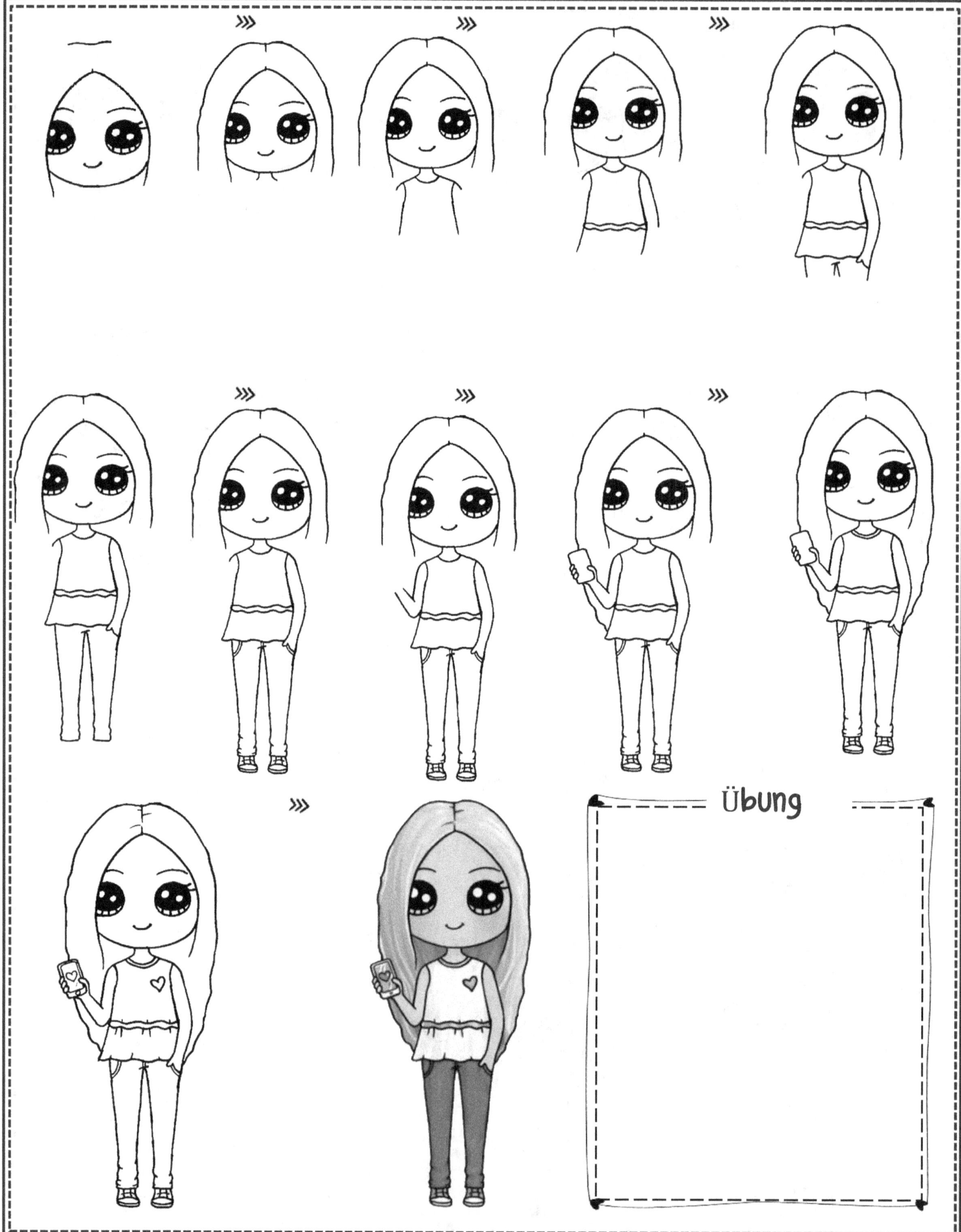

Übung

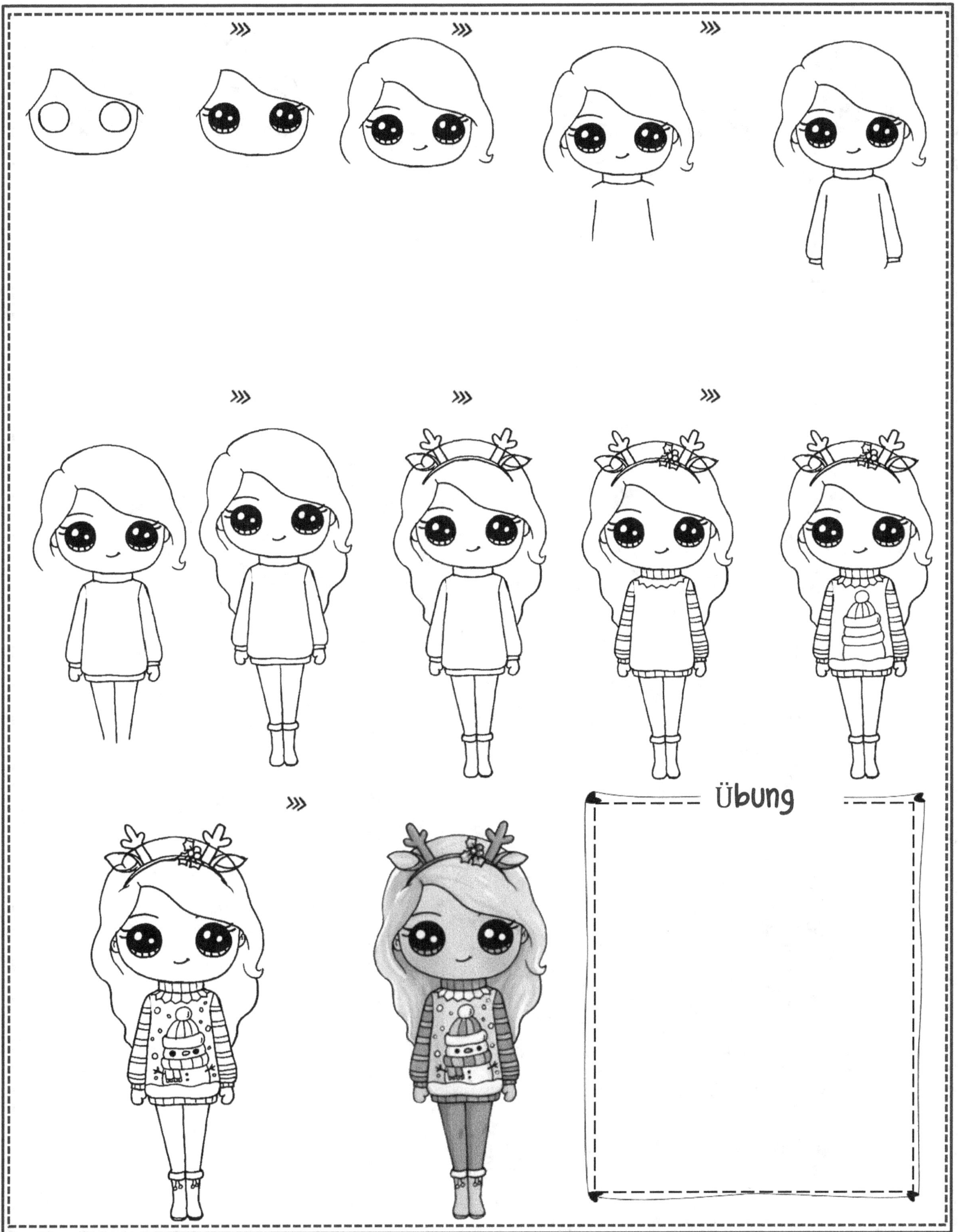

Übung

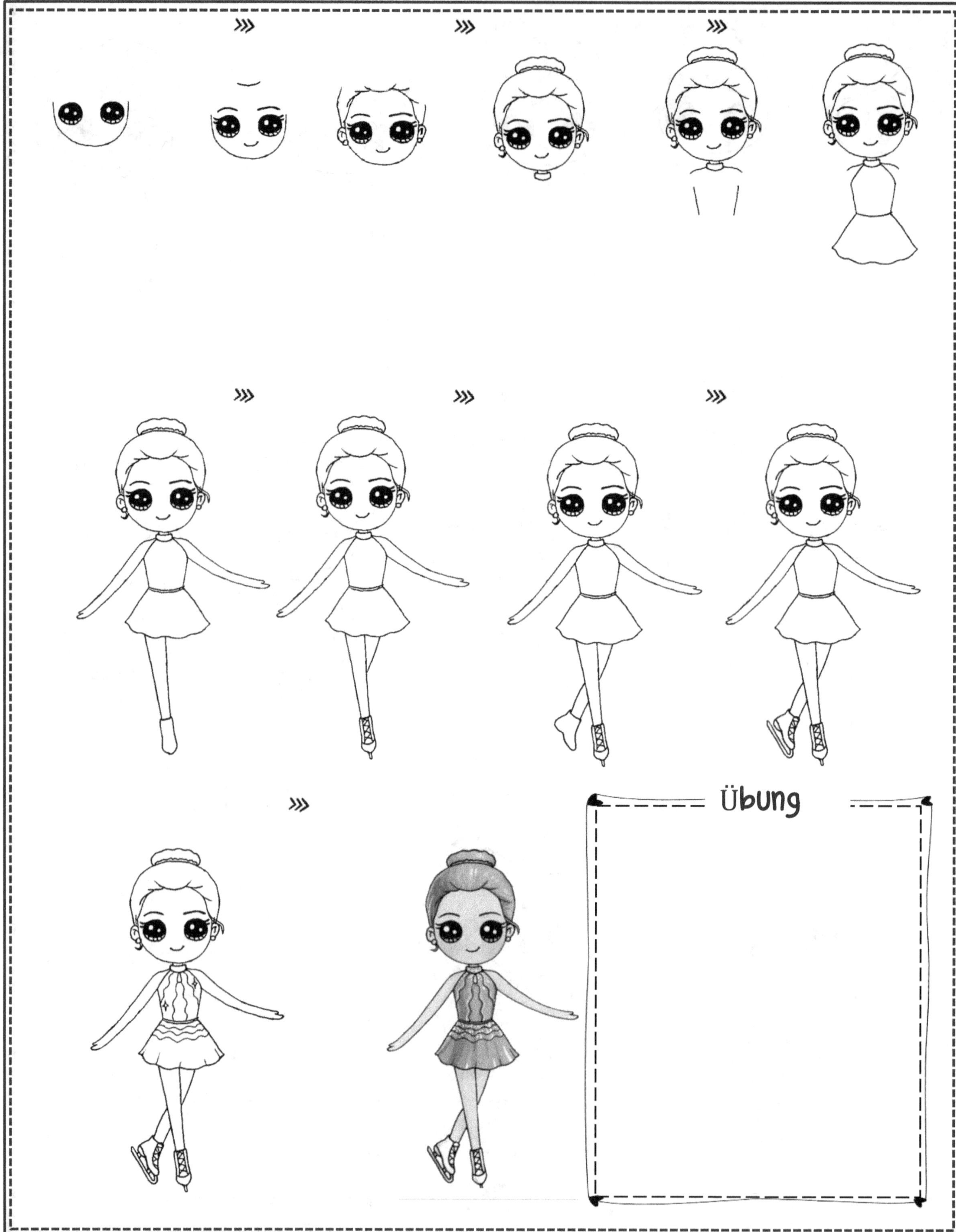

Übung

Übung

Übung

Übung

Übung

Übung

Übung

Übung

Übung

Übung

Übung

Übung

Übung

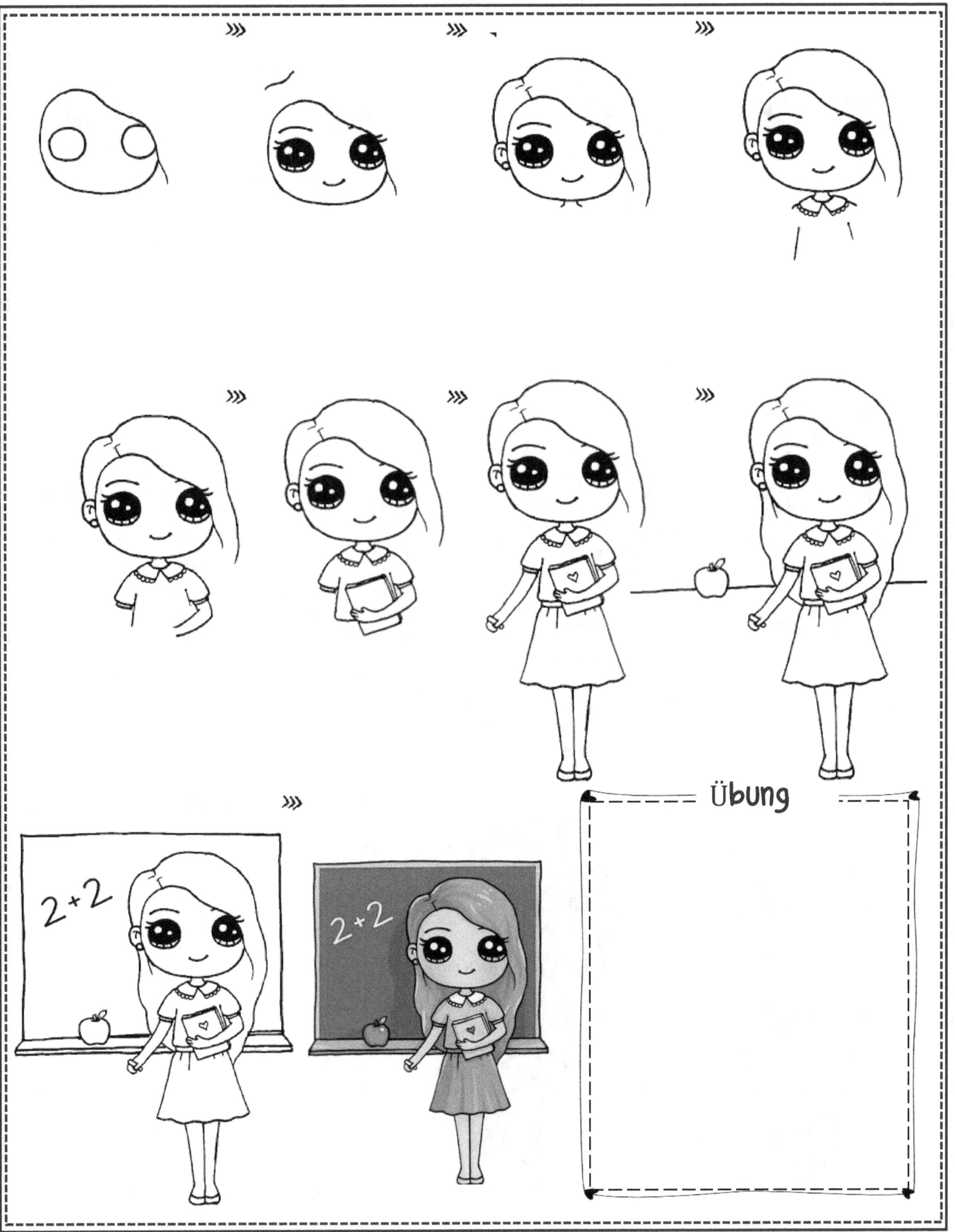

2+2
2+2
Übung

Übung

Übung

Übung

Übung

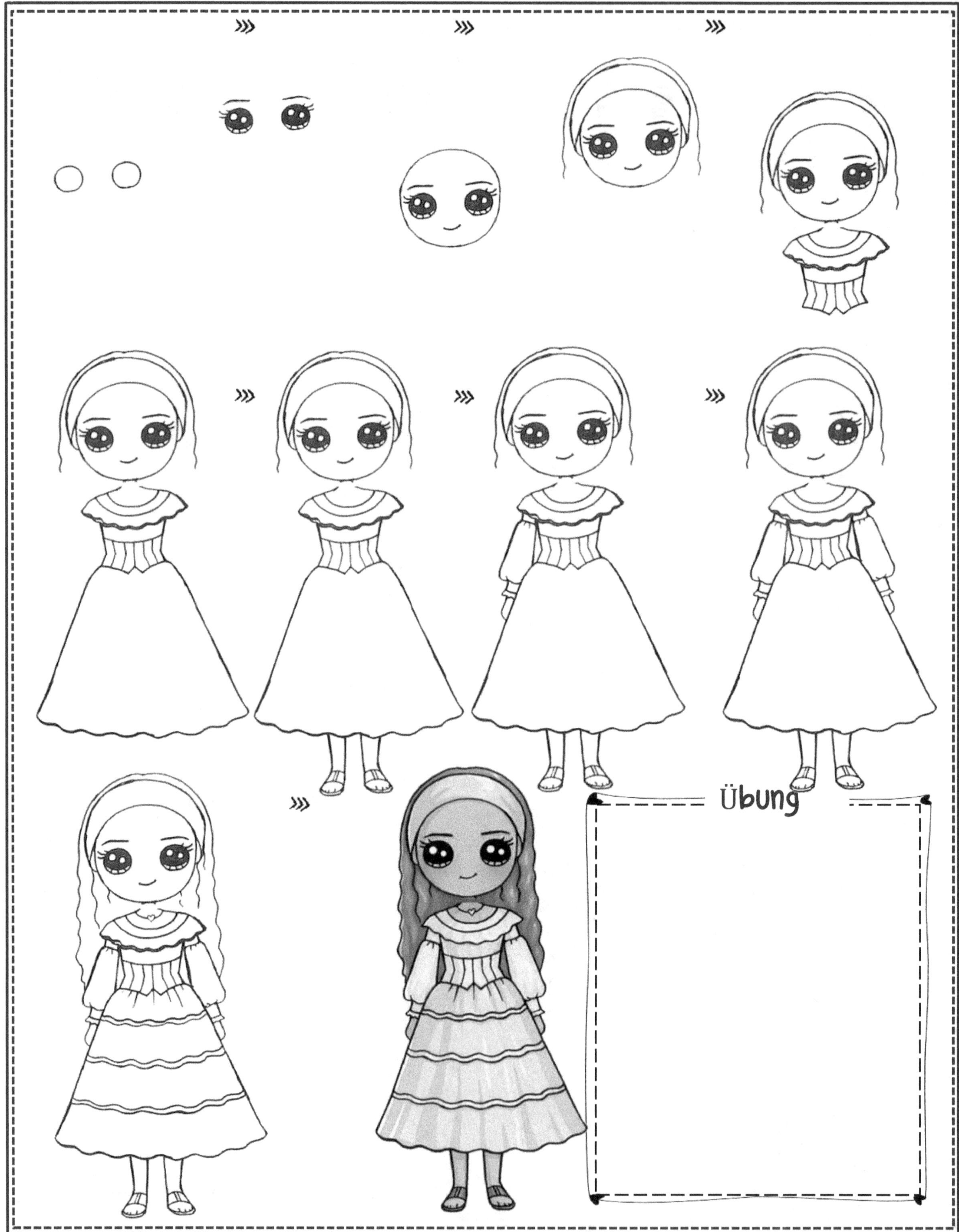
Übung

Übung

Übung

Übung

Übung

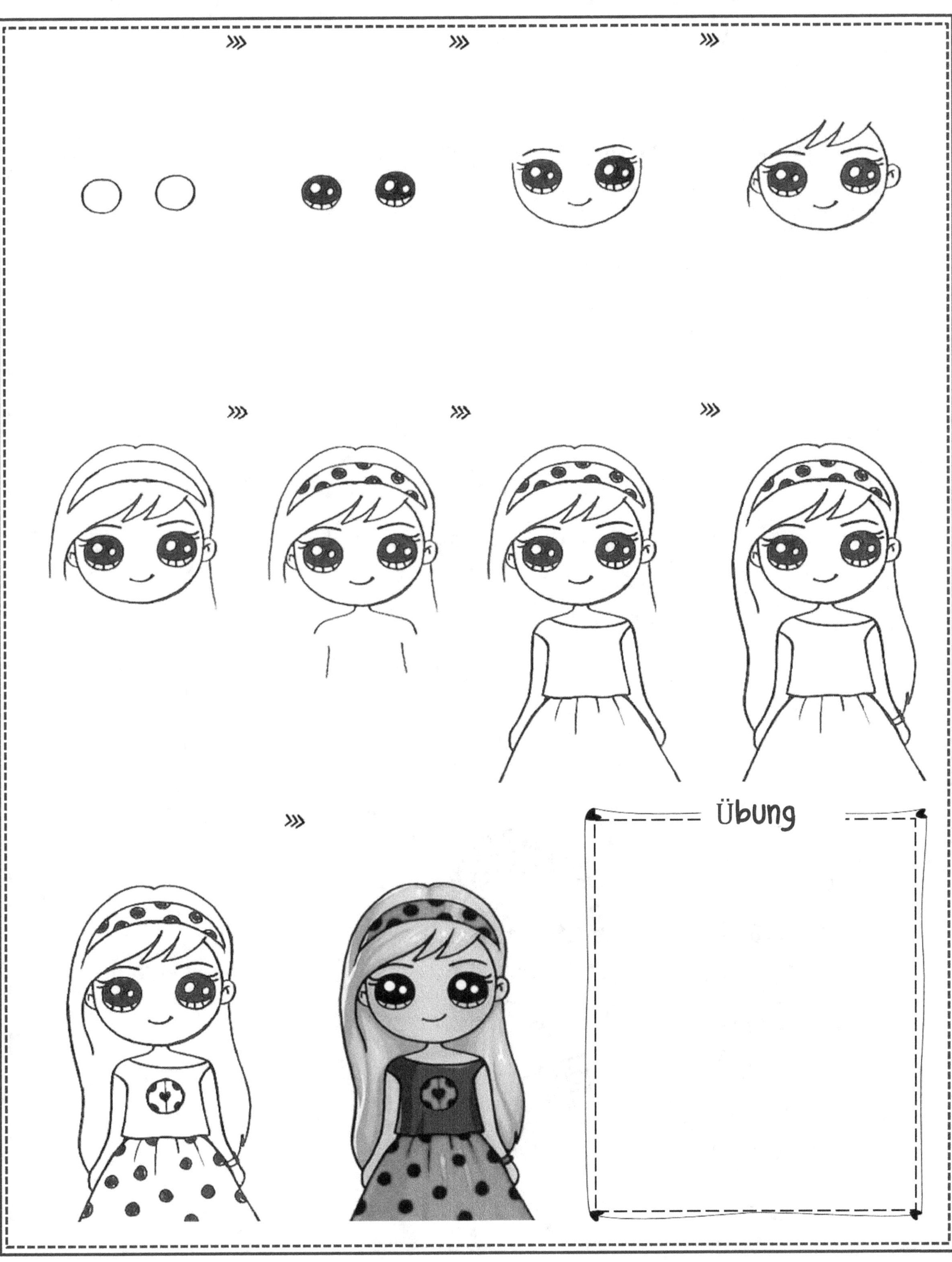

Übung

Übung

Übung

Übung

Übung

Übung

Übung

Übung

Übung

Übung

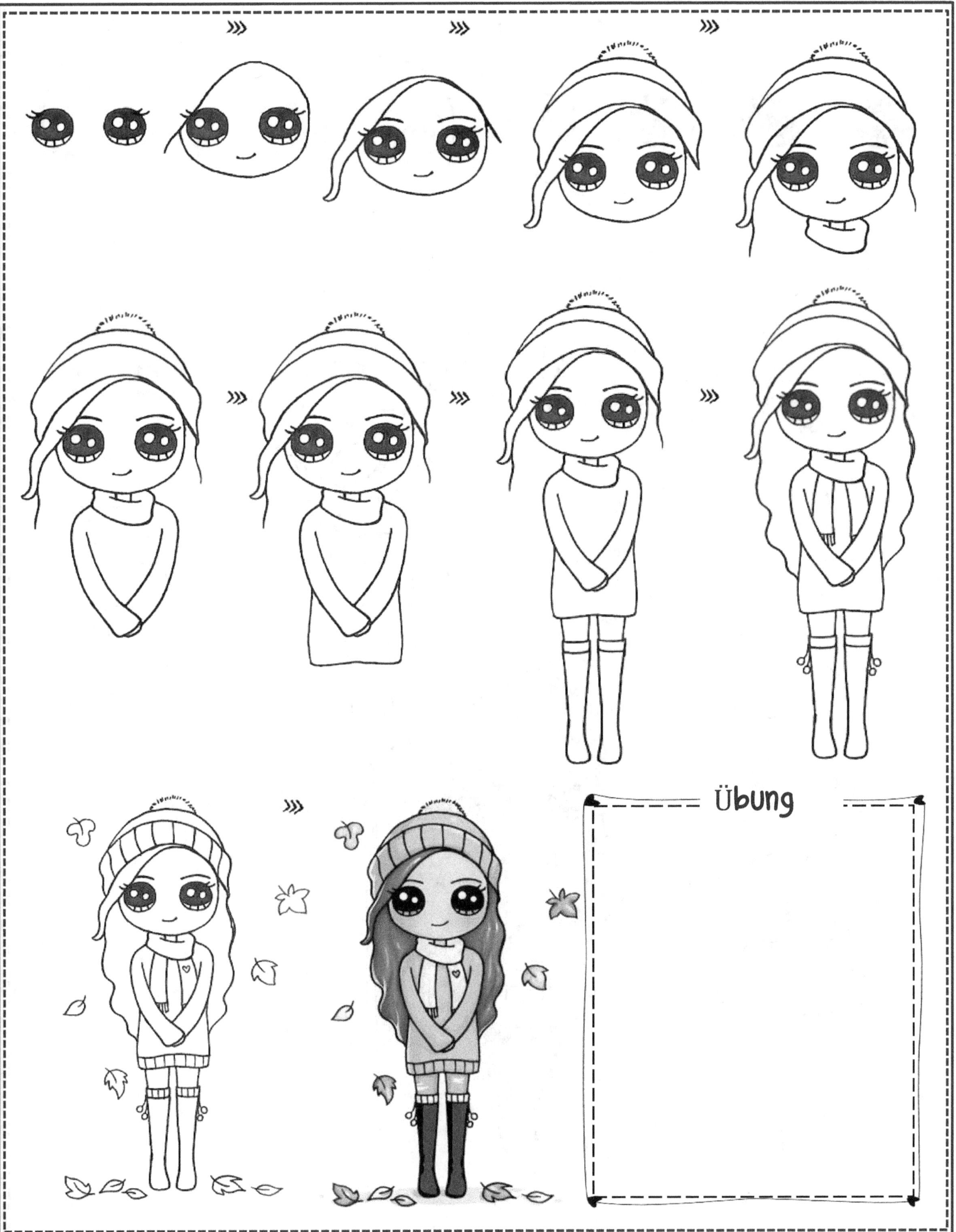

Übung

Übung

Übung

Übung

Übung

Übung

Übung

Übung

Übung

Übung

Übung

Übung

Übung

Übung

Übung

Übung

Übung

Übung

Übung

Übung

Übung

Übung

Übung

Danke für den Zeichenspaß!
Danke, dass du dich mit uns auf diese kreative Reise begibst! Deine Begeisterung für Kunst ist inspirierend. Deine Unterstützung bedeutet uns die Welt